HABITATS EN DANGER

Édition publiée par les Éditions Scholastic
604, rue King Ouest
Toronto (Ontario) M5V 1E1

5 4 3 2 1   Imprimé en Chine   09 10 11 12 13

Catalogage avant publication de Bibliothèque et Archives Canada

Bateman, Robert, 1930-
    Habitats en danger / Robert Bateman ; texte français de
Marie-Josée Brière.

Traduction de: Vanishing habitats
Publ. en collab. avec Madison Press
Public cible: Pour les jeunes
ISBN 978-0-545-98622-9

    1. Bateman, Robert, 1930- --Ouvrages pour la jeunesse.
2. Espèces en danger dans l'art--Ouvrages pour la jeunesse.
3. Art animalier--Ouvrages pour la jeunesse.   4. Faune--
Protection--Ouvrages pour la jeunesse.   5. Habitat (Écologie)--
Conservation--Ouvrages pour la jeunesse.   I. Brière, Marie-Josée
II. Titre.

ND249.B3175A414 2009   j759.11   C2009-902000-9

HABITATS
EN DANGER

Robert Bateman

avec Nancy Kovacs

Texte français de Marie-Josée Brière

ÉDITIONS SCHOLASTIC / MADISON PRESS

Les milieux naturels rétrécissent – ce n'est un secret pour personne. Nous entendons constamment parler du réchauffement du climat, du déboisement des forêts pluviales, et de l'empiétement croissant de nos villes sur les forêts et les champs. Quand ces milieux disparaissent, des plantes et des animaux sauvages perdent leurs habitats. Cependant, il y a des gens qui travaillent à protéger ces habitats ainsi que les plantes et les animaux qui s'y trouvent. Si nous voulons sauver les espèces sauvages, nous devons connaître les endroits où elles vivent. Dans ce livre, je te présente certains des endroits qui risquent de disparaître si nous ne faisons rien pour les protéger. J'espère ainsi t'encourager à tout faire pour tenter de préserver les trésors naturels de notre planète.

Robert Bateman

Introduction

Quand j'étais enfant, à Toronto, je n'avais qu'à descendre dans le ravin derrière chez moi pour apprécier la nature dans toute sa splendeur. Ce ravin avait été creusé par une rivière, asséchée depuis très longtemps, qui avait laissé derrière elle un monde tout à fait différent de la ville qui s'étendait devant chez moi. Ce monde, c'était une forêt peuplée de plantes et de créatures que je n'avais jamais imaginées; un univers fascinant en constant changement.

Je passais la plupart de mon temps libre dans ce ravin, à observer et à apprendre. L'hiver fini, je m'émerveillais du retour des parulines colorées en migration vers le nord. Le printemps et l'été, j'examinais les fleurs sauvages. L'automne, quand les feuilles se coloraient de rouge, d'orangé et de jaune, je voyais les oiseaux retourner vers le sud. Et l'hiver, dans le silence du paysage enneigé, j'observais les cerfs, les renards et les oiseaux assez résistants pour braver le froid.

À cette époque, je ne savais pas que ma forêt était bien petite en comparaison des vastes étendues boisées qui se trouvaient là autrefois. À présent, quand je retourne à Toronto, je constate que cette forêt a encore rétréci. On y trouve toujours des ravins et des parcs, mais les routes et les immeubles s'y sont multipliés. Et si les oiseaux viennent toujours séjourner dans les ravins, ils sont moins nombreux qu'avant. Beaucoup de milieux naturels ont disparu dans cette ville, depuis mon enfance.

La destruction des habitats naturels entraîne des pertes terribles. Les oiseaux et les autres animaux ont moins d'endroits où se nourrir, s'aménager un abri et avoir leurs petits. Il y a moins d'arbres et de plantes pour nourrir les insectes, les oiseaux et les mammifères qui servent à leur tour de repas à d'autres animaux et oiseaux. Par le fait même, moins d'espèces sauvages fournissent des nutriments permettant aux végétaux de pousser. Les habitats aquatiques font aussi partie de ce cycle. En effet, tant les plantes que les animaux ont besoin d'eau propre pour vivre.

Tu découvriras dans ce livre différents types d'habitats, par exemple les prairies, les déserts, les lacs, les fleuves et les rivières, les océans, et les forêts de toutes sortes. Tu y apprendras pourquoi bon nombre de ces habitats sont en train de disparaître et comment certaines personnes s'efforcent de les protéger. J'espère que cette lecture te donnera envie d'en savoir plus long sur la nature, près de chez toi et ailleurs dans le monde.

Qu'est-ce qu'un habitat?

Le bruant chanteur apprend ses nombreux chants de ses congénères. Celui qui a le chant le plus sophistiqué a le plus de chances d'attirer une compagne.

Les salamandres à points bleus vivent habituellement dans les forêts de feuillus et les bois marécageux. Leur habitat comprend des mares temporaires où elles pondent leurs œufs.

La rive de ce ruisseau semble n'être qu'un fouillis de vigne, de feuilles et de branches, et pourtant, elle grouille d'insectes, de vers, de salamandres, de petits mammifères et d'oiseaux. On croirait presque voir les feuilles s'agiter sur le passage de toutes ces créatures. Ces plantes et ces animaux dépendent les uns des autres pour survivre, dans un environnement en constant changement.

Pendant des années, au cours de mes promenades le long de ce ruisseau près de chez moi, dans le sud de l'Ontario, j'observais la rive changer au gré des saisons. Cependant, dix ans après avoir peint cette scène, ce ne sont plus seulement des changements saisonniers que je vois, mais une scène complètement différente. Un arbre est tombé au milieu du fouillis, le tracé de la rive s'est modifié, et les espèces qui vivaient là ne sont plus tout à fait les mêmes. C'est toujours un habitat bien vivant, mais ce n'est plus celui que j'avais peint.

Un habitat, c'est un endroit où des plantes et des animaux peuvent vivre et trouver assez de nourriture pour subsister. C'est un ensemble qui comprend un sol, des pierres, de l'eau, des animaux, des plantes, des arbres et un climat dans un endroit donné. Et cet ensemble fonctionne comme un tout. Un habitat en santé fournit aux plantes de la lumière, de l'eau et des nutriments. Il offre aux animaux de l'eau, de la nourriture, un refuge contre les prédateurs, des matériaux pour faire leur nid, et un lieu pour élever et protéger leurs petits.

Il y a de grands et de petits habitats. La forêt sert d'habitat à différentes espèces, mais elle contient aussi beaucoup d'habitats plus petits. Des insectes, par exemple, vivent sous l'écorce des arbres. Des animaux restent sur le sol, et d'autres préfèrent la cime des arbres. Les oisillons qui viennent d'éclore doivent demeurer dans leur nid, mais une fois qu'ils savent voler, ils peuvent s'aventurer dans un univers beaucoup plus grand. Des souris et d'autres petits mammifères s'installent dans

De petits rongeurs courent sur le sol dans les prés et les champs moissonnés, bien protégés par les herbes coupées. Vois-tu la souris dans ce pré?

Les chèvres de montagne vivent dans les hautes montagnes d'Amérique du Nord. Ces herbivores agiles mangent les mousses, les lichens, les herbes et les plantes ligneuses qui poussent à ces hauteurs.

les champs cultivés. Certains poissons passent presque toute leur vie dans les algues du même lac, tandis que certaines baleines parcourent de grandes distances dans l'océan chaque année. Des écrevisses, des larves et des insectes aquatiques vivent au bord des lacs ou des ruisseaux. Même la fourrure d'un chien peut servir d'habitat… aux puces!

Beaucoup d'oiseaux et d'autres animaux migrent au fil des saisons, alors que d'autres se déplacent uniquement quand la nourriture vient à manquer. Les salamandres, quant à elles, naissent dans l'eau, mais vivent sur la terre ferme une fois adultes et ne retournent plus jamais dans l'eau.

Certaines créatures peuvent vivre dans plus d'un habitat. C'est le cas des souris, qu'on trouve dans les champs, dans les bois et même dans les maisons. D'autres animaux ont des besoins spécifiques, qu'ils ne peuvent satisfaire que dans un habitat en particulier. Par exemple, les pandas vivent uniquement dans les forêts de bambou parce que cette plante est leur principale source de nourriture. Les animaux comme ceux-là sont les plus touchés quand leur habitat commence à rétrécir, parce qu'ils sont incapables de trouver à manger ailleurs.

Mais les habitats ne sont qu'un aspect de la question. Nous employons le terme « habitat » pour désigner un endroit où vit une espèce. Quand nous parlons d'un « écosystème », en revanche, nous mettons plutôt l'accent sur le fait que de nombreuses espèces coexistent dans un même endroit. Certains animaux servent de nourriture à d'autres. Des plantes et des arbres fournissent un abri et de la nourriture à diverses créatures. Même le climat a son rôle à jouer. C'est l'interaction de tous ces facteurs – les végétaux, les mammifères, les insectes, les oiseaux, l'eau, le terrain et le climat – qui forme un écosystème. Il est important de comprendre que les dangers qui menacent un seul habitat ont des répercussions sur une foule d'espèces.

Les forêts

On trouve des forêts partout sur la planète, sauf près des pôles. Certaines forêts sont peuplées uniquement d'arbres à feuillage caduc (des feuillus), d'autres seulement d'arbres à feuillage persistant (des conifères), ou encore d'une combinaison des deux. Les feuillus sont des arbres dont les feuilles tombent quand ils entrent en dormance. Les conifères, eux, ont des feuilles semblables à des aiguilles, qui tombent et se renouvellent tout au long de l'année. Leurs graines sont enfermées dans des cônes remplis de résine qui les protègent des animaux et des intempéries.

Les forêts abritent de nombreuses espèces d'animaux, depuis les macaques japonais qui peuvent vivre dans des forêts au climat froid ou chaud jusqu'aux cerfs qui se nourrissent de feuilles dans les forêts tempérées. Des oiseaux nichent dans les troncs d'arbres ou sur les branches. Des insectes vivent sous l'écorce des arbres ou dans les feuilles qui tapissent le sol.

Les loups gris parcouraient autrefois les forêts du monde entier. Aujourd'hui, il n'en reste plus qu'en Amérique du Nord. Les causes de leur disparition sont multiples. À certains endroits, les loups ont été chassés pour leur fourrure et pour protéger les animaux de ferme. Ailleurs, leurs proies ont été la cible des chasseurs, ce qui leur a laissé trop peu à manger. Dans d'autres cas, les forêts où vivaient les loups ont été complètement ou partiellement défrichées.

Quand des parcelles d'une grande forêt sont déboisées pour faire place à des villages, à des villes ou à des fermes où sont cultivés nos aliments, on dit que celle-ci est « fragmentée ». La fragmentation est le plus grave problème qui touche aujourd'hui les forêts et ce, pour plusieurs raisons. Premièrement, les petites forêts abritent moins d'espèces que les plus grandes, parce que les animaux y trouvent moins de nourriture et moins d'endroits pour nicher. Deuxièmement, certaines espèces ne peuvent survivre que dans les profondeurs de la forêt. Plus celle-ci est petite, moins il y a d'individus qui peuvent y nicher. Troisièmement, de nombreux oiseaux survolent uniquement des étendues boisées au cours de leurs migrations. Si la forêt est fragmentée, ils ne peuvent pas atteindre leurs aires de nidification pour l'été.

Il y a tout de même des solutions. Nous pouvons favoriser la croissance de nouvelles forêts et protéger les forêts existantes. Nous pouvons aussi laisser des bandes d'arbres entre les secteurs boisés pour fournir aux oiseaux des parcours de migration ininterrompus.

Les macaques japonais sont répandus dans tout le Japon. Ils sont les seuls singes du monde qui vivent dans des régions aussi froides. C'est une espèce en voie de disparition à cause du rétrécissement de leur habitat. Non seulement leur milieu de vie est moins étendu, mais les fruits et les graines dont ils se nourrissent y sont moins abondants.

Le cerf de Virginie vit dans les forêts de feuillus des Amériques – du Canada à l'Amérique du Sud. Il a aussi été introduit en Nouvelle-Zélande et dans quelques pays d'Europe.

QUELQUES FAITS

∗ Il existe de nombreuses espèces de feuillus, par exemple les érables, les ormes, les chênes, les bouleaux, les caryers et les noyers.

∗ Il existe aussi de nombreuses espèces de conifères, par exemple, les sapins, les pins, les épinettes, les cèdres et les pruches.

∗ La plus grande espèce d'arbre est le séquoia toujours vert, qui pousse dans le nord de la Californie.

∗ C'est en Tasmanie, au large de l'Australie, qu'on trouve le sorbier d'Australie, la deuxième espèce parmi les plus grandes.

Les forêts boréales

Dans l'Arctique, seuls quelques arbustes et quelques plantes peuvent survivre. Plus au sud, on commence à voir des arbres, de plus en plus nombreux jusqu'à ce qu'on atteigne finalement l'immense forêt boréale, qui forme un anneau vert autour de la Terre. Cette forêt se compose surtout de conifères – épinettes, pins et sapins –, mais on y trouve aussi des bouleaux et d'autres feuillus capables de supporter le climat rigoureux.

Beaucoup d'animaux sont chez eux dans la forêt boréale : ours, caribous, loups, renards et lynx, pour n'en nommer que quelques-uns. L'hiver, certains hibernent. C'est le cas des ours, par exemple. D'autres bénéficient de la protection d'une épaisse fourrure. Très peu d'oiseaux restent tout l'hiver dans cet environnement, mais environ 300 espèces y nichent chaque été, dont beaucoup de petits passereaux qui passent leurs hivers sous les tropiques.

La forêt boréale peut sembler immuable et indestructible, mais diverses menaces pèsent sur elle et sur ses habitants. L'exploitation forestière en détruit des milliers de kilomètres carrés chaque année. En conséquence, les loups gris, les lynx et les caribous des bois sont en danger de disparition. Les 300 espèces d'oiseaux chanteurs qui nichent chaque été dans la forêt boréale ont moins d'endroits où faire leurs nids. Ils subissent en outre les effets des pesticides dont se sert l'industrie forestière pour combattre les insectes comme la tordeuse des bourgeons de l'épinette.

Le réchauffement climatique nuit, lui aussi, à la faune de la forêt boréale. En effet, la hausse des températures risque d'entraîner une augmentation des incendies de forêt et des infestations d'insectes, et de mettre en péril toutes les espèces animales de la forêt.

Beaucoup d'animaux des régions boréales ont besoin de vastes forêts pour vivre. Le tigre de Sibérie, par exemple, vit dans les forêts froides de l'est de la Russie. Il est menacé de disparition, comme tous les tigres, parce que l'exploitation intensive de ces forêts a détruit ou fragmenté son habitat. Les sangliers et les cerfs, ses proies préférées, sont également moins nombreux qu'avant à cause de la perte de leur propre habitat. Enfin, les humains chassent ce tigre pour sa fourrure et pour certaines parties de son corps. Il reste moins de 400 tigres de Sibérie. Ils sont protégés, mais nous devons surveiller leur situation de près si nous voulons éviter qu'ils disparaissent.

Le loup gris, ou loup commun, est le plus grand des animaux sauvages de la famille des chiens. Il a les pattes légèrement palmées, ce qui l'aide à marcher sur toutes sortes de surfaces, en particulier dans la neige de la forêt boréale.

Il ne reste plus que quelques centaines de tigres de Sibérie dans le monde. Ce félin sauvage, le plus grand de tous, est victime de la disparition de son habitat. Il a aussi fait l'objet d'une chasse intensive, certaines parties de son corps étant utilisées dans la médecine chinoise traditionnelle. Cette chasse est aujourd'hui illégale, mais elle se pratique toujours.

QUELQUES FAITS

* Il fait très froid dans la forêt boréale : la température moyenne y est près du point de congélation, et il peut y faire jusqu'à -50 °C en hiver!

* La forêt boréale reçoit environ 75 cm de pluie par année.

* Les secteurs les plus au nord de la forêt boréale portent aussi le nom de taïga.

* Dans ses parties les plus épaisses, la forêt boréale est tellement dense que la lumière du soleil n'y pénètre presque pas; il n'y pousse donc pas de petits arbres ni de buissons.

* Il y a beaucoup de marécages dans la forêt boréale; c'est ce qu'on appelle le muskeg.

QUELQUES FAITS

* La température moyenne dans les
  forêts tempérées est d'environ 10 °C .

* Ces forêts reçoivent de 75 à 150 cm
  de pluie chaque année.

* Dans les endroits relativement
  chauds, comme l'Italie, la Grèce,
  la Nouvelle-Zélande, l'Australie
  et certaines régions de l'Amérique
  du Sud, les forêts tempérées
  contiennent des arbres à feuillage
  persistant comme le houx, l'olivier
  et l'eucalyptus. Ces arbres ont de
  grandes feuilles cireuses.

* On a coupé beaucoup de forêts
  tempérées pour installer de grandes
  fermes qui servent à produire
  notre nourriture.

Les forêts tempérées

Entre les forêts boréales et les forêts tropicales, le climat est tempéré. Il fait chaud en été et froid en hiver, et les précipitations sont modérées. Les forêts tempérées sont composées de feuillus, de conifères ou une combinaison des deux. On en trouve en Amérique du Nord, en Amérique du Sud, en Europe et en Asie.

Les forêts tempérées abritent des centaines d'oiseaux et de mammifères. Certains animaux comme les cerfs, les coyotes et de nombreux oiseaux de proie, restent en périphérie, ce qui leur permet d'entrer et de sortir constamment de la forêt. D'autres préfèrent les coins les plus reculés de la forêt, où leurs petits sont mieux protégés.

Pendant des siècles, les forêts tempérées ont été exploitées pour leur bois, ou abattues pour faire place à l'agriculture ou à des habitations. Beaucoup de produits de papier, comme le papier lustré des magazines et des catalogues, sont encore faits avec du bois nouvellement coupé plutôt qu'à partir de fibres recyclées. Le rétrécissement des forêts entraîne une concurrence accrue pour la nourriture et les aires de nidification. Il ouvre également la porte aux prédateurs de toutes sortes.

Ainsi, en Amérique du Nord, le vacher à tête brune représente aujourd'hui une menace pour certains oiseaux. En effet, cet oiseau parasite pond dans les nids des autres et, comme ses œufs éclosent plus tôt que ceux de l'espèce hôte, les jeunes vachers reçoivent un traitement préférentiel. Souvent, les jeunes de l'espèce hôte ne survivent pas. Le vacher est un oiseau des champs; c'est pourquoi il faisait moins de ravages quand les forêts étaient plus vastes et plus denses. Maintenant que les forêts sont très fragmentées, le vacher trouve des nids beaucoup plus facilement pour y déposer ses œufs, notamment ceux du tangara écarlate et de la grive des bois, dont les chants égaient les forêts.

Comme beaucoup de passereaux colorés, le tangara écarlate perd son plumage brillant après l'accouplement. Dans ses quartiers d'hiver, sous les tropiques, il est plutôt terne.

La paruline à gorge orangée, la seule à avoir la gorge de cette couleur vive, niche dans les forêts de conifères et les forêts mixtes.

Les forêts tropicales humides

Les forêts tropicales humides se trouvent près de l'équateur. Leurs grands arbres s'étirent vers le ciel, formant une voûte de verdure qui empêche les rayons du soleil d'atteindre le sol. Des épiphytes, des plantes adaptées à cet environnement – orchidées, mousses et fougères – s'agrippent aux branches des arbres et s'accrochent par les racines. Elles tirent de l'air l'humidité et les nutriments dont elles ont besoin. Les forêts tropicales, chaudes et humides, grouillent d'activités.

Ces forêts produisent environ 40 % de l'oxygène de la planète et abritent plus de la moitié des espèces vivantes. Environ le quart des médicaments modernes sont faits à base de plantes tropicales. Les forêts tropicales humides fournissent aussi chocolat, café, mangues et bananes.

On détruit ces forêts à un rythme alarmant pour faire place à l'agriculture et à l'élevage. On utilise le bois pour la construction de maisons et la fabrication de meubles, de papier et de charbon de bois. Si bien que l'on prévoit que ces forêts risquent d'avoir entièrement disparu d'ici 40 ans. Des centaines d'animaux sont touchés. Par exemple, en Afrique, les forêts qui abritent les gorilles de montagne sont détruites pour faire place à l'exploitation minière, à l'agriculture et à la construction d'habitations. La fragmentation des forêts limite aussi considérablement l'habitat du tamarin doré du Brésil, et les brûlis effectués pour défricher des terres en vue d'y élever du bétail nuisent sérieusement au mococo, un lémur de Madagascar.

Les jaguars sont touchés eux aussi. Ils préfèrent chasser dans les forêts denses, où leurs proies ont du mal à les voir. Toutefois, la fragmentation des forêts tropicales rétrécit constamment leur territoire. Faute de nourriture, ils s'attaquent aux animaux de ferme et se font souvent abattre par les agriculteurs.

Beaucoup de gens reconnaissent que les forêts tropicales humides représentent une grande richesse naturelle. Il n'est pas nécessaire d'abattre les arbres pour en tirer les ressources servant à faire des médicaments et à fournir notre alimentation tout en garantissant même des profits plus élevés pour les agriculteurs et les gouvernements. Il reste encore beaucoup à apprendre et à faire, mais il est permis d'espérer qu'il sera possible de sauver ce qu'il reste de ces forêts.

Le jaguar était un symbole de force, de courage et de puissance dans beaucoup de cultures anciennes de l'Amérique centrale et de l'Amérique du Sud. Ce carnivore peut se nourrir de 80 espèces d'animaux différentes... dont des tortues et des alligators!

Les gorilles de montagne sont doux et timides, à moins d'être provoqués. Ils passent plus de temps au sol que les autres primates. Il n'en reste plus que 700 environ, et leur nombre ne cesse de diminuer à cause de la chasse, de la maladie et de la perte de leur habitat.

QUELQUES FAITS

* *

✴ Si l'on continue de les détruire au
   rythme actuel, les forêts tropicales
   humides de l'Indonésie et de la
   Papouasie-Nouvelle-Guinée pourraient
   avoir complètement disparu dans 20 ans.

✴ Les forêts pluviales tropicales reçoivent
   au moins 175 cm de pluie par année
   et la température n'y descend pas en
   dessous de 18 °C.

✴ Plus de la moitié de la forêt amazonienne,
   la plus vaste au monde, sera entièrement
   détruite d'ici 20 ans.

✴ Les forêts tropicales, autrefois immenses,
   couvrent maintenant moins de 6 % de
   la surface de la Terre.

✴ Plus de la moitié des espèces vivantes
   de la planète passent la totalité ou
   une partie de leur vie dans les forêts
   tropicales humides.

QUELQUES FAITS

* Les forêts sont généralement dites « anciennes » quand elles ont au moins 150 à 200 ans, mais certaines contiennent des arbres vieux de 1 000 ans.

* Vingt pour cent des forêts anciennes du monde se trouvent en Russie.

* Un pin aristé surnommé Mathusalem, en Californie, est le plus vieil arbre sur Terre. Il a environ 5 000 ans!

* On trouve en Suède une épinette de Norvège dont le système de racines a 10 000 ans, bien que l'arbre qui pousse sur ces racines n'ait que 600 ans environ. Au fil des siècles, l'arbre est mort plusieurs fois, et de nouvelles pousses ont germé sur ses racines pour former chaque fois un nouvel arbre.

Les forêts anciennes

Le système digestif des pandas ressemble à celui des ours, mais contrairement à ces carnivores, les pandas se nourrissent uniquement de plantes.

À la naissance, la jeune chouette tachetée est entièrement blanche. Avec le temps, elle devient brune et se pare de taches qui donnent son nom à l'espèce.

Les forêts anciennes sont les ancêtres des forêts de la planète. Que ce soit des forêts tropicales ou tempérées composées de feuillus, de conifères ou des deux, elles survivent depuis des centaines ou même des milliers d'années sans interventions humaines. Elles abritent de nombreuses espèces de plantes et d'animaux qui préfèrent qu'on les laisse tranquilles.

Il y a plusieurs années, je suis allé m'installer avec ma famille sur la côte Ouest du Canada. Nous habitons près de la forêt de Carmanah, une des rares forêts anciennes encore existantes. C'est là qu'on trouve le « géant de Carmanah », une épinette de Sitka de 95 mètres de haut! À cette époque, j'ai été invité avec un groupe d'artistes à aller peindre dans cette forêt. Pendant que nous travaillions, nous avons entendu des tronçonneuses, et nous avons pu constater que tout un pan de la forêt avait été récemment abattu pas très loin de nous. Le contraste entre la paix et la beauté de la forêt intacte et la dévastation de la section où les arbres avaient été coupés a donc été le sujet de ma peinture. Je ne sais trop si nos témoignages y sont pour quelque chose, mais toujours est-il qu'une bonne partie de la vallée de Carmanah est aujourd'hui protégée par la loi.

La chouette tachetée est une des espèces des forêts anciennes de l'Amérique du Nord. Elle niche dans des trous, dans les vieux arbres, et reste dans le même secteur toute sa vie. Si son habitat disparaît, elle n'arrive pas à s'adapter à son nouveau milieu. Elle est protégée depuis 1994, et l'exploitation des forêts anciennes est maintenant limitée aux États-Unis. Ces mesures ont aidé un peu, mais l'espèce demeure menacée.

Les pandas, quant à eux, vivent dans les forêts anciennes de la Chine. Je suis allé visiter une réserve naturelle dans la province du Sichuan, et je me suis tout de suite senti chez moi puisque les arbres y étaient les mêmes que sur la côte Nord-Ouest du Pacifique : pins, sapins, pruches, mélèzes et bouleaux. Ce sont toutefois les bambous de ces forêts qui constituent la principale source de nourriture des pandas. En fait, ces animaux mangent deux variétés de bambous. Quand l'une d'elles meurt après la floraison, les pandas se tournent vers l'autre variété. À cause du déboisement et de la fragmentation des forêts où ils vivent, ces animaux fascinants n'ont plus accès aussi facilement à leur nourriture et sont maintenant menacés de disparition.

QUELQUES FAITS

* On trouve en Amérique du Nord
  des prairies d'herbes hautes et des
  prairies d'herbes courtes. Les
  premières reçoivent beaucoup
  de pluie, tandis que les autres ont
  un climat plus sec; les étés y sont
  chauds, et les hivers, froids.

* Avant que la chasse ne les mène au
  bord de l'extinction, des millions de
  bisons parcouraient les prairies.

* Les steppes sont des prairies où
  le climat est froid et le sol très
  pauvre. On en trouve aux États-Unis
  et dans certaines régions d'Asie et
  d'Europe de l'Est.

* Les animaux qui vivent en troupeau,
  comme l'antilocarpe, se retrouvent
  souvent coincés dans les clôtures
  séparant les champs dans les prairies,
  ce qui met leur survie en danger.

Les prairies

Autrefois, le territoire
du grizzli s'étendait
beaucoup plus au sud
qu'aujourd'hui. On ne
trouve plus cet ours
que dans l'ouest du
Canada et le nord-
ouest des États-Unis.

Imagine un endroit sans arbres ni arbustes – seulement de l'herbe et des fleurs sauvages s'agitant dans la brise sur des kilomètres et des kilomètres. Ce type d'habitat, qu'on appelle une prairie, existe partout dans le monde sauf en Antarctique. Bien que les prairies soient souvent touchées par de longues périodes de sécheresse, elles reçoivent quand même plus de pluie que les déserts.

Autrefois, le centre de l'Amérique du Nord était en grande partie couvert de riches prairies. On y trouvait une faune variée, de même qu'une foule de plantes bien adaptées aux longues périodes de sécheresse. Des millions de bisons parcouraient ces vastes étendues, aux côtés de renards véloces, de grizzlis et de chiens de prairie.

Il reste aujourd'hui très peu de ces prairies naturelles. Les premiers colons ont labouré la terre, détruisant du même coup les plantes indigènes, et ont introduit de nouvelles cultures comme le blé et le maïs. La merveilleuse diversité de cet environnement a disparu, et certaines espèces sont probablement perdues à jamais. Heureusement, des gens ont recueilli le plus grand nombre possible de graines de plantes des prairies et tentent aujourd'hui de réintroduire ces plantes indigènes dans des secteurs réservés. Ils espèrent ainsi ressusciter un jour un peu de la beauté des prairies.

Le renard véloce ne peut survivre et se multiplier que s'il peut parcourir de vastes prairies. Il a failli disparaître dans les années 1930, quand les agriculteurs tentaient de contrôler les animaux qui s'attaquaient à leurs bêtes, par exemple les renards, les loups et les coyotes.

La chevêche des terriers est une chouette des prairies. C'est un prédateur, qui creuse des terriers dans le sol pour y faire son nid. Les écologistes s'inquiètent de sa survie depuis longtemps parce que ses habitudes ne sont pas toujours compatibles avec les pratiques agricoles saisonnières. En effet, si les agriculteurs labourent leurs champs trop tôt dans la saison, ils détruisent ses nids et ses œufs. Beaucoup d'agriculteurs attendent maintenant que les œufs aient éclos avant de faire leurs labours, mais si le réchauffement du climat leur permet de devancer leurs plantations, les choses pourraient s'aggraver de nouveau pour cette petite chouette.

QUELQUES FAITS

....

* La savane est une zone de transition
  entre la forêt et le désert. Le climat
  n'y est pas aussi humide que celui
  de la forêt, ni aussi sec que celui du
  désert; c'est un juste milieu entre
  les deux.

* Il y a deux saisons dans la savane: un
  été très humide et un long hiver sec.

* Des arbres comme l'acacia et le
  baobab poussent dans la savane
  africaine.

* En Amérique du Sud, on appelle la
  savane pampa.

La savane africaine

Malgré son titre de « roi de la jungle », le lion d'Afrique vit surtout dans la savane, et non dans la jungle. Sa population a diminué considérablement depuis 20 ans, en raison du rétrécissement de son habitat et de la chasse que lui font les humains pour protéger leur bétail.

Le dik-dik est une petite antilope qui préfère la savane, où elle peut voir ses prédateurs approcher.

L'Afrique recèle une incroyable diversité d'habitats, depuis la forêt tropicale jusqu'au désert, mais sais-tu que la savane s'étend sur la moitié du continent? C'est un environnement typique des climats chauds, qu'on retrouve également en Australie et en Amérique du Sud. La savane africaine est une prairie vallonnée ponctuée de rares arbres et arbustes.

Des mammifères ongulés, comme les zèbres, les gnous, les antilopes, les girafes et les rhinocéros, parcourent la savane à la recherche de nourriture et d'eau fraîche. Des léopards, des guépards et des lions suivent les troupeaux, à l'affût des animaux faibles ou qui traînent derrière. Et souvent, d'énormes éléphants broutent à proximité. Ils arrachent l'herbe grâce à leur trompe puissante.

Les plantes de la savane possèdent des mécanismes de survie fascinants pour s'adapter aux longues saisons sèches et aux herbivores qui broutent constamment.

Beaucoup ont de longues racines pivotantes qui leur permettent de tirer parti des sources d'eau souterraine. D'autres entreposent de l'eau dans leurs bulbes. La plupart des plantes meurent si leur feuillage est constamment brouté, mais certaines plantes de la savane se sont adaptées en poussant par le bas plutôt que par le haut.

Les chiens sauvages d'Afrique, ou lycaons, sont menacés parce que la savane est fragmentée ou en partie détruite. Ces chiens de petite taille ont besoin d'un très grand territoire pour chasser, faute de quoi ils sont en concurrence avec des prédateurs plus gros qu'eux. La construction de fermes et d'habitations pose également un problème pour eux, puisque des contacts accrus avec les humains et leurs animaux domestiques répandent des maladies dans leurs rangs. Et, pour ajouter à leurs difficultés, ils se font souvent tuer par les humains.

Il y a beaucoup d'espèces menacées de disparition en Afrique, mais il se passe aussi des choses encourageantes sur ce continent. De nombreux gouvernements ont créé des réserves naturelles dans le but de conserver de vastes territoires pour les animaux en péril, et de les protéger ainsi de la chasse et du développement.

Les déserts, chauds et froids

Qu'est-ce qu'un désert? Un endroit chaud et sec, ou au contraire, une vaste étendue froide balayée par le vent? Y trouve-t-on d'énormes dunes de sable, ou plutôt des kilomètres de glace immaculée? Les plantes et les animaux y sont-ils très rares, ou est-ce un habitat où vivent des espèces animales et végétales parfaitement adaptées?

La réponse, c'est qu'un désert peut être soit chaud, soit froid. Il peut être couvert de sable, d'argile, de cailloux, ou même de glace. Le désert peut comprendre une grande variété de plantes et d'animaux adaptés aux conditions particulières qui y règnent, ou encore n'abriter à peu près aucune vie.

Alors, qu'est-ce que les déserts ont en commun? On en trouve sur tous les continents, et le climat y est toujours sec. Les températures y sont extrêmes, et ils constituent souvent des habitats importants pour un grand nombre de plantes et d'animaux fascinants.

Le saguaro, par exemple, un véritable géant parmi les cactus, ne pousse que dans le climat chaud du désert de Sonora, en Amérique du Nord. Comme tous les cactus, il emmagasine de l'eau pour survivre aux mois secs et refait ses réserves pendant les deux saisons des pluies annuelles. Ses feuilles semblables à des épines le protègent des intrus. Avec le temps, des fissures se forment dans son tronc. Des troglodytes des cactus y construisent leurs nids, et des insectes s'y installent. Des aigles se perchent aussi sur ces grands cactus pour surveiller les environs, à l'affût de proies, évitant on ne sait trop comment de se blesser sur leurs épines pointues.

Malheureusement, les humains sont en train de modifier le désert de Sonora. Ils y ont introduit de nouvelles espèces de plantes cultivées, qui supplantent les herbes indigènes. Ils ont installé des canalisations pour irriguer ces nouvelles plantes, rendant ainsi le désert plus humide et plus fertile à certains endroits. Ces changements menacent l'existence d'espèces propres à ce milieu, comme le saguaro et d'autres cactus, qui pourrissent s'ils reçoivent trop d'eau. Et la faune du désert est, elle aussi, incapable de s'adapter à ces nouvelles conditions de vie.

Le Sahara, dans le nord de l'Afrique, est un autre désert extrêmement chaud et sec. On y trouve des animaux à bien des endroits, mais également d'immenses dunes et de vastes mers de sable, où de terribles tempêtes de vent soulèvent des tourbillons de sable. Dans ces secteurs, la vie n'est possible que dans les oasis, alimentées en eau par des sources souterraines.

Les buses de Harris chassent en groupe, ce qui est inhabituel chez les oiseaux de proie. Celles qu'on voit ici sont perchées sur un vieux saguaro. Elles nichent aussi dans les cavités des vieux cactus comme celui-ci.

QUELQUES FAITS

* L'Arctique et l'Antarctique sont les plus grands déserts du monde.

* L'Europe ne compte qu'un seul vrai désert : le désert de Tabernas, dans la région espagnole de l'Andalousie.

* Les déserts couvrent environ 14 % de la surface terrestre.

* Le désert de l'Antarctique s'étend sur plus de 13 millions de km².

* Le renard arctique vit dans l'Arctique toute l'année. Il se nourrit de lemmings et d'autres petits animaux, d'œufs, de poissons et de charogne (les restes laissés par d'autres prédateurs).

Les sables du Sahara, riches en nutriments, sont importants pour une raison étonnante. Bien que ce soit difficile à croire, les forts vents du Sahara projettent du sable non seulement dans tout le désert, mais jusqu'au-delà de l'océan Atlantique! À la fin de son périple, ce sable retombe dans les forêts tropicales d'Amazonie. Il y est intégré au sol, qu'il enrichit de nutriments essentiels. Les scientifiques craignent que les changements climatiques n'entraînent des pluies plus abondantes dans le Sahara. Comme le sable mouillé ne peut pas parcourir d'aussi grandes distances, les forêts tropicales humides perdraient donc cette source importante de nutriments.

Les deux pôles sont également des régions désertiques. La toundra arctique, au pôle Nord, a toutefois un climat moins extrême que l'autre désert polaire. De petites plantes et des arbustes parsèment le paysage. Beaucoup d'oiseaux et de mammifères y passent au moins quelques mois par année. Au printemps, quand une partie de la glace fond, un tapis de fleurs magnifiques et de lichens multicolores recouvre la toundra et des milliers d'oiseaux reviennent du sud pour y nicher.

Les autruches sont capables d'emmagasiner assez d'eau pour plusieurs jours, ce qui leur est utile dans le climat sec du désert. D'un seul coup de leurs pattes puissantes, elles peuvent gravement blesser – ou même tuer – les animaux qui s'attaquent à elles.

Les manchots papous nagent plus vite sous l'eau que tous les autres manchots. Leur nombre diminue, probablement en raison de la pollution, de la pêche abusive des poissons dont ils se nourrissent et des interventions humaines dans leurs aires de reproduction.

L'Antarctique, au pôle Sud, est une énorme plaque de roche couverte de glace. Seules les plantes adaptées au froid comme les mousses et les lichens y poussent. Les animaux qui y vivent passent la majeure partie de leur temps dans l'eau, et ils migrent habituellement vers des endroits plus cléments pendant le dur hiver. Ses habitants les plus célèbres sont les manchots, des oiseaux qui ne volent pas et qui survivent très bien dans le froid extrême.

QUELQUES FAITS

....

✳ Les amphibiens (comme les grenouilles, les crapauds, les salamandres et les tritons) ont la peau très sensible et réagissent rapidement aux changements dans leur environnement.

✳ Environ le tiers des espèces d'amphibiens sont menacées d'extinction à cause du réchauffement climatique, de la pollution et de la disparition de leurs habitats.

Les milieux humides

Ce barrage de castors a fait gonfler la rivière et créé des milieux humides peu profonds – l'habitat parfait pour les plantes aquatiques dont se régalent les orignaux.

Les grues moines s'accouplent dans les tourbières et passent l'hiver dans les marais, les rizières et les autres milieux humides. Ce sont des oiseaux magnifiques, admirés depuis des siècles pour leur élégance, et pourtant leurs habitats sont constamment menacés par la construction de barrages et d'habitations.

Les gens croyaient autrefois que les milieux humides étaient des endroits sales, désagréables et inutiles. Ils jugeaient donc préférable de les drainer pour construire des fermes, des maisons et des centres commerciaux. Mais nous savons aujourd'hui que ces milieux constituent des habitats précieux. Ils abritent une grande variété d'espèces végétales et animales. Ils filtrent l'eau polluée et permettent aux nutriments qu'elle contient de passer dans le milieu environnant. Ils absorbent les surplus d'eau après des pluies abondantes, protégeant ainsi les terres voisines contre les inondations. De plus, ils renferment d'importantes quantités de carbone – à tel point que le gaz libéré dans l'atmosphère quand un marais est détruit contribue au réchauffement climatique!

Malgré tout, bien des gens demeurent peu conscients de l'importance des milieux humides. C'est pourquoi ceux-ci sont toujours menacés. La construction d'habitations est probablement le problème le plus grave, mais il y en a d'autres. La vaporisation de produits anti-moustiques est également alarmante, non seulement parce que ces pesticides se retrouvent dans la chaîne alimentaire, mais surtout parce que l'élimination des moustiques prive les libellules, les chauves-souris et les oiseaux d'une importante source de nourriture, ce qui met leur survie en danger.

Les milieux humides sont formés de nappes d'eau peu profonde, généralement reliées à d'autres plans d'eau comme des lacs ou des rivières. On en trouve aussi le long des côtes, au bord des océans. L'eau peut y être douce, salée ou saumâtre (légèrement salée); elle peut être stagnante – ce qui veut dire qu'elle ne bouge pas – ou couler doucement. Il y a des milieux humides partout, même en Antarctique pendant le court été austral. Les trois types les plus connus sont les marais, les marécages et les tourbières.

Partout dans le monde, la faune est menacée par la destruction de ces habitats grouillants de vie. Nous avons certes beaucoup appris sur l'importance des milieux humides de notre planète, mais nous devons continuer d'insister pour qu'ils soient préservés.

Les marais

Les marais sont des milieux humides étendus, ouverts et peu profonds, où poussent des herbes, des roseaux, des nénuphars et d'autres plantes. On n'y trouve généralement pas d'arbres, mais il arrive que des arbustes poussent en périphérie. Dans l'eau, on peut voir des insectes, des tortues et des poissons. Les marais sont des habitats particulièrement importants pour les canards, les oies et les autres espèces de sauvagine.

Les marécages

Les marécages ne sont pas constitués uniquement d'eau. De petites parcelles de terre sont éparpillées ici et là sur l'eau. La végétation n'est pas du tout la même que dans les marais. En effet, ces milieux humides sont bordés d'arbres et d'arbustes capables de résister à un engorgement occasionnel du sol.

Le canard pilet est un canard de surface. Il lève la queue et plonge la tête dans l'eau peu profonde des marais pour se nourrir de plantes immergées. On en trouve dans les régions nordiques du monde entier.

La rainette aux yeux rouges vit dans la forêt pluviale d'Amérique du Sud; elle pond ses œufs dans les mares d'eau temporaires qui se forment après la saison des pluies de la forêt tropicale.

La sarracénie pourpre est une plante carnivore qui attrape ses proies grâce à sa cavité profonde, remplie de liquide. Les insectes tombent dans ce liquide et s'y noient, et la plante absorbe ensuite les nutriments qu'ils contiennent à mesure que leur corps se décompose.

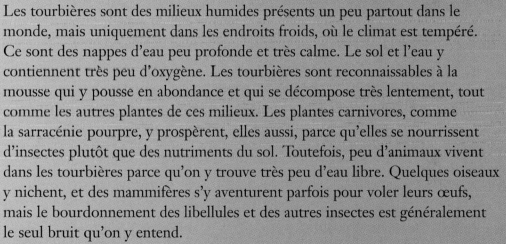

La vie dans les marécages est très diversifiée. Il n'est pas rare d'y trouver des animaux comme les cerfs, les opossums et les ratons laveurs. Les oiseaux aquatiques, les pics, les grenouilles, les serpents, les tortues, les alligators et les insectes y sont chez eux, en compagnie de centaines d'autres espèces.

Les tourbières

Les tourbières sont des milieux humides présents un peu partout dans le monde, mais uniquement dans les endroits froids, où le climat est tempéré. Ce sont des nappes d'eau peu profonde et très calme. Le sol et l'eau y contiennent très peu d'oxygène. Les tourbières sont reconnaissables à la mousse qui y pousse en abondance et qui se décompose très lentement, tout comme les autres plantes de ces milieux. Les plantes carnivores, comme la sarracénie pourpre, y prospèrent, elles aussi, parce qu'elles se nourrissent d'insectes plutôt que des nutriments du sol. Toutefois, peu d'animaux vivent dans les tourbières parce qu'on y trouve très peu d'eau libre. Quelques oiseaux y nichent, et des mammifères s'y aventurent parfois pour voler leurs œufs, mais le bourdonnement des libellules et des autres insectes est généralement le seul bruit qu'on y entend.

Les autres milieux humides

Les étangs vernaux sont des mares d'eau temporaires qui sont formées par les pluies printanières et qui s'assèchent l'été venu. (Le mot « vernal » signifie « qui se rapporte au printemps ».) Ces étangs sont essentiels au cycle de vie de certains amphibiens, dont de nombreuses espèces de grenouilles et de salamandres. En effet, ces animaux pondent leurs œufs dans les étangs vernaux. Les larves y vivent jusqu'à ce que leurs pattes aient poussé et qu'elles aient perdu leurs branchies. Elles passent ensuite le reste de leur vie sur la terre ferme.

Les lacs

Il n'y a rien de plus magique qu'un lac à l'aube. L'air est pur et l'eau est calme, mais la faune est active. Des poissons nagent autour des pierres et des plantes, des canards barbotent à la surface, des libellules volent dans les airs. Plus haut, des martins-pêcheurs descendent en piqué pour prendre des poissons par surprise. Près du bord, des bécasseaux et des hérons scrutent l'eau peu profonde. Des rats musqués, des visons et d'autres mammifères se hâtent sur le rivage. Il se passe beaucoup de choses dans un lac.

Partout dans le monde, des lacs sont menacés par l'activité humaine. Les pluies acides, les pesticides, les produits chimiques rejetés par les usines et les engrais provenant des fermes polluent les lacs. Les engrais entraînent une prolifération des algues, ce qui tue les autres plantes. Les bactéries qui décomposent les plantes mortes drainent l'oxygène de l'eau; en conséquence, les poissons meurent. Quant aux autres polluants, comme les produits chimiques et les pesticides, ils sont liés à une augmentation des cancers et d'autres maladies chez les poissons.

Les plongeons huards pondent leurs œufs au bord des lacs. Les petits mangent les poissons que leurs parents leur apportent. Mais, comme les pluies acides ont tué beaucoup de poissons dans les lacs du Canada, les plongeons huards n'arrivent pas toujours à trouver suffisamment de nourriture pour leurs petits, alors certains d'entre eux meurent. Les plongeons ne sont pas en péril pour le moment, mais ils font l'objet d'une surveillance attentive.

Nous utilisons l'eau de différentes façons : pour boire, pour nous laver et pour irriguer nos fermes. Cependant, il y a une pénurie d'eau douce à l'échelle planétaire. La pollution n'est qu'un aspect du problème. Un autre aspect est l'utilisation que nous en faisons. Par exemple, certains cultivent la terre dans des endroits, comme le désert, où l'eau se fait rare. Il faut alors transporter de l'eau provenant de lacs, de rivières et de sources souterraines pour arroser les champs.

Ce sont de graves problèmes. Nous avons l'impression de pouvoir compter sur une quantité inépuisable d'eau douce, mais si nous n'y faisons pas attention, cette ressource risque de disparaître.

Les libellules pondent leurs œufs dans l'eau. Les immatures – qu'on appelle des nymphes – sont strictement aquatiques. On ne sait pas si ces insectes sont menacés, mais chose certaine, ils ont besoin d'eau saine et propre pour survivre.

Les plongeons huards sont d'excellents nageurs et des plongeurs hors pair. Certains de leurs os sont solides ce qui leur permet de plonger à de grandes profondeurs. Mais c'est aussi à cause de ces os qu'ils ont du mal à prendre leur envol.

QUELQUES FAITS

....

✳ La mer Caspienne est le plus grand lac au monde; son eau est salée, et – comme son nom l'indique – on la considérait autrefois comme une mer.

✳ Tous les lacs sont temporaires. Ils se remplissent petit à petit de sédiments et finissent par disparaître.

✳ Le Grand Lac Salé, dans l'État de l'Utah (aux États-Unis), est l'habitat de nombreux oiseaux, mais son eau est tellement salée que seules les crevettes des salines peuvent y vivre.

Les fleuves et les rivières

Les fleuves et les rivières grouillent de vie, tout comme leurs rives. Certaines créatures, en particulier les poissons et les crustacés, passent toute leur vie dans l'eau, tandis que d'autres n'y trouvent qu'une demeure temporaire. Les castors y construisent des barrages, créant ainsi des étangs pour se protéger des prédateurs. Sur leurs rives, les échassiers capturent des poissons et des grenouilles. Et les saumons quittent leurs habitats d'eau salée pour aller se reproduire dans l'eau douce. C'est ce qu'on appelle le frai.

Les fleuves et les rivières sont importants aussi pour les humains. Ils coulent dans nos villes et nos villages, nous fournissent de l'eau potable, irriguent nos fermes et nous offrent des endroits où nous amuser. Ils sont tout près de nous, alors nous les transformons souvent en fonction de nos besoins. Nous érigeons des barrages pour contrôler le débit dans les zones habitées, nous modifions leur cours pour servir nos intérêts et nous installons sur leurs rives des usines qui y déversent des produits chimiques.

Tous ces changements affectent la faune. Ainsi, quand le barrage des Trois-Gorges a été construit sur le fleuve Yangtsé, en Chine, en vue de la production d'hydroélectricité, des milliers de kilomètres carrés de forêts ont été abattus, des villes et des villages ont été détruits, des milliers de personnes ont dû déménager, et une foule d'espèces animales en ont subi le contrecoup. Les grues de Sibérie, déjà en grand danger d'extinction, ont perdu leur territoire d'hivernage. Et les baijis, des dauphins de rivière qu'on surnomme parfois les « déesses du Yangtsé », sont maintenant considérés comme disparus en raison des transformations apportées à leur habitat.

Dans le monde entier, de nombreux groupes travaillent à la préservation des habitats naturels que constituent les fleuves et les rivières. C'est un travail difficile, mais qui donne des résultats. Le gouvernement chinois, par exemple, a commencé à remplacer une partie des forêts abattues pour la construction du barrage des Trois- Gorges. De plus, beaucoup d'autres gouvernements ont créé des groupes de conservation chargés de recommander des moyens d'exploiter les ressources de nos fleuves et de nos rivières de manière à ce que la faune en souffre le moins possible.

Ce saumon en train de frayer a été capturé par un pygargue à tête blanche, mais ces prédateurs sont loin d'être le principal problème des saumons. La pollution, la disparition de leurs habitats en eau douce, la construction de barrages sur les rivières où ils fraient et les maladies transmises par les saumons d'élevage ont contribué au déclin marqué de leurs populations.

La grue du Japon est très grosse, et extrêmement rare. On en trouve au Japon, en Corée, en Mandchourie et ailleurs en Chine et en Russie. Les gouvernements de la Chine et de la Russie commencent à protéger ce magnifique oiseau le long du fleuve Amour, un de ses lieux de reproduction, mais l'espèce demeure en voie de disparition.

QUELQUES FAITS

* Le Nil, qui s'étire sur 6 655 km, est le plus long fleuve de la planète. Il est suivi de l'Amazone qui coule sur 6 440 km.

* Le *Livre Guinness des records* déclare que la rivière la plus courte au monde est la rivière Roe, au Montana (aux États-Unis). Mais les gens de l'Oregon croient qu'il s'agit plutôt de leur rivière D. Ces cours d'eau fluctuent selon les marées, mais tous deux font 18 m à leur plus court et environ 60 m à leur plus long.

* La rivière D a reçu son nom en 1940, à l'occasion d'un concours national. Les juges ont aimé que l'on donne un nom aussi court à la rivière la plus courte.

* Les baijis forment une des quatre espèces de dauphins d'eau douce. Ils sont presque aveugles.

* On a trouvé des fossiles de baijis datant d'environ 25 millions d'années.

QUELQUES FAITS

· ·

❋ Les habitats côtiers réunissent
souvent des éléments très diversifiés :
océan, marais, forêts, prairies, dunes
de sable et fleuves.

❋ Le manchot du Cap, un oiseau
côtier, est le seul manchot présent
en Afrique. Il est menacé par
les déversements de pétrole et
la pêche excessive des poissons
dont il se nourrit.

Les côtes

Les loutres de rivière ont bien failli disparaître parce qu'elles étaient chassées pour leur fourrure. Elles étaient également menacées à cause de la disparition de leurs habitats. Diverses mesures de conservation ont nettement amélioré leur situation, mais celles qui vivent le long des côtes sont en danger à cause des déversements de pétrole.

Ces spatules rosées nichent dans la mangrove. Elles pêchent près des racines des palétuviers, en balayant l'eau avec leur drôle de bec pour y trouver des petits poissons et des crustacés.

Les côtes marquent le point de rencontre entre la terre et l'océan. Elles peuvent être sablonneuses ou rocheuses, couvertes d'herbe, d'arbres ou d'arbustes, ou encore dénuées de toute végétation. Comme la nourriture y est abondante, on y trouve toutes sortes d'animaux, notamment des poissons et d'autres créatures marines. En fait, comme les neuf dixièmes des espèces marines vivent près des côtes, la vie et l'activité y sont plus intenses que partout ailleurs sur la planète.

Les habitats côtiers sont menacés par de nombreux dangers. Les déversements de pétrole et les autres matières polluantes font des ravages chez les mammifères et les oiseaux aquatiques comme les plongeons catmarins, les arlequins plongeurs, les grèbes élégants, les loutres de mer et bien d'autres. La construction d'habitations le long des côtes détruit des habitats importants. De plus, la hausse de la température des océans due au réchauffement climatique tue bon nombre de minuscules organismes qui se trouvent au début de la chaîne alimentaire. Les scientifiques surveillent la situation de très près pour voir quelles seront les espèces les plus touchées.

La mangrove est un habitat côtier très particulier, propre aux régions tropicales. Elle tient à la fois de la forêt tropicale humide et du milieu humide. Les palétuviers qui la composent poussent dans l'eau saumâtre, entre l'eau douce et l'eau salée. Leurs longues racines flexibles s'étirent jusqu'au sol pour y capter les sédiments qui coulent des fleuves vers l'océan. Elles filtrent la pollution et nettoient ainsi l'eau qui se rend à l'océan. Sous l'eau, ces racines fournissent un abri à une foule d'espèces de poissons et de coquillages.

La mangrove est un des habitats les plus menacés au monde. Les palétuviers ont les racines encrassées lorsqu'il y a des déversements de pétrole et, avec le temps, la pollution finit par les tuer. Les gens abattent aussi des pans complets de mangrove parce que le bois des palétuviers donne du bon charbon. Ils comblent également la mangrove pour construire des habitations et limiter la prolifération des insectes. Pourtant, la protection des mangroves est très importante pour la santé de l'océan et l'avenir de notre planète.

Les océans

Les océans couvrent à peu près 70 % de la surface du globe. Ces immenses étendues d'eau salée abritent certaines des espèces animales et végétales les plus belles et les plus mystérieuses au monde. La complexité de la vie marine continue de fasciner les scientifiques. D'ailleurs, ils découvrent de nouvelles espèces chaque année. Mais, au même moment, beaucoup d'espèces déjà connues risquent de disparaître à tout jamais.

Imagine que tous les océans du monde forment une seule grande nappe d'eau offrant toute une variété d'habitats. Les oiseaux pélagiques, comme l'albatros, passent la majeure partie de leur vie en pleine mer et ne mettent pieds à terre que pour nicher. D'autres animaux, par exemple les loutres de mer, vivent près des côtes en permanence, où elles trouvent de la nourriture en abondance. Les ours blancs passent l'été arctique sur la banquise, où ils chassent le phoque. Les sternes arctiques, elles, vivent perpétuellement en été, passant d'un pôle à l'autre au gré des saisons. Et partout, chaque jour, de minuscules plantes appelées phytoplancton absorbent des millions de tonnes de dioxyde de carbone et produisent de l'oxygène.

J'ai toujours aimé l'eau, c'est une des raisons pour laquelle je me suis installé avec ma famille dans une île au large de la Colombie-Britannique. J'adore y faire du canot dans la baie. Quand je pagaie le long du rivage, je vois des animaux de toutes sortes, par exemple des phoques, des otaries et des loutres. J'aperçois parfois des poissons qui remontent à la surface, et des oiseaux perchés sur des rochers ou parcourant le ciel à la recherche d'un repas.

Les pêcheurs ont longtemps utilisé des filets dérivants pour capturer de grandes quantités de thons et d'autres poissons destinés à un usage commercial. Malheureusement, des dauphins, des baleines, des requins et des oiseaux pélagiques comme cet albatros de Laysan se prennent aussi dans ces filets. Incapables de s'échapper, ces créatures meurent et sont ensuite rejetées à l'eau par les pêcheurs.

L'albatros hurleur absorbe beaucoup d'eau salée avec sa nourriture. Il a une glande spéciale située au-dessus du nez qui lui permet de filtrer le sel.

L'océan est tellement vaste que nous pensons ne jamais pouvoir le détruire, et pourtant c'est ce que nous faisons. Les habitats marins sont fragiles, et nous constatons déjà certains effets de cette destruction.

Les récifs coralliens, qui abritent environ le quart des espèces marines, sont en quelque sorte les forêts tropicales de l'océan. Les coraux qui les composent sont de minuscules animaux agglutinés les uns sur les autres depuis des milliers d'années. Ils se nourrissent d'algues, qui leur donnent leurs couleurs magnifiques.

Ces récifs sont toutefois menacés par de nombreux dangers. La température de l'eau est un élément important à l'équilibre des récifs de corail. Le réchauffement des océans a donc un effet dévastateur sur beaucoup de récifs. C'est le cas notamment de la Grande Barrière, au large de l'Australie. Les récifs coralliens sont également menacés par la pollution, la surpêche, le développement, et les dommages causés par les bateaux et les plongeurs, qui en emportent parfois des morceaux en souvenir.

Comme dans tout autre habitat, les menaces qui touchent une espèce ont aussi des répercussions sur les autres animaux. Quand certaines espèces de poissons

Les épaulards sont de gros mammifères marins qu'on trouve dans tous les océans du monde. Ces animaux impressionnants sont menacés par les déversements de pétrole et les autres formes de pollution, par des perturbations de leurs habitats, par la pêche excessive des poissons dont ils se nourrissent et par les pêcheurs qui les abattent parce qu'ils y voient des concurrents.

disparaissent, les oiseaux qui s'en nourrissaient n'ont plus assez à manger. Les océanographes commencent tout juste à comprendre la complexité de la vie des récifs coralliens. En fait, ils sont inquiets, car les récifs se détériorent si vite qu'ils n'auront pas le temps d'étudier et de comprendre cet habitat précieux afin d'être en mesure de le restaurer.

Les forêts de varech forment un autre habitat océanique important. Elles se composent d'algues brunes qui poussent au fond de l'eau et qui peuvent atteindre une hauteur de 18 mètres. De nombreuses espèces de poissons pondent leurs œufs parmi ces algues et trouvent dans ces forêts denses un refuge contre les prédateurs, par exemple les épaulards. Les activités humaines comme la pêche et le dragage détruisent toutefois les forêts de varech, ce qui rend leurs habitants vulnérables. Nous constatons trop souvent les dommages que les déversements de pétrole peuvent causer aux oiseaux et aux mammifères, mais ces déversements sont également toxiques pour le varech, et un déversement important peut facilement en décimer toute une forêt.

QUELQUES FAITS

* Le Pacifique est le plus grand océan de la Terre; l'Arctique est le plus petit.

* La plus longue chaîne de montagnes au monde fait au moins 40 000 km de long. Et elle est entièrement sous l'eau!

* Chaque année, nous déversons dans les océans trois fois plus de déchets que nous n'y pêchons de poissons.

* La majeure partie de l'énergie solaire qui parvient jusqu'à la Terre est emmagasinée dans les océans.

Les océans polaires

Les océans les plus froids du globe sont situés au pôle Nord et au pôle Sud. Ils sont couverts en bonne partie par une immense nappe de glace. L'hiver, la banquise se forme autour de cette nappe, ce qui en double la superficie. Malgré le climat rigoureux qui y règne, la glace fournit un habitat à un certain nombre de créatures particulièrement résistantes.

L'Arctique est le plus petit et le moins profond des océans du globe. Contrairement à l'Antarctique, beaucoup plus froid, il abrite une grande variété d'espèces animales. Toutes sont adaptées au climat glacial, soit parce qu'elles ont développé des stratégies pour survivre à l'hiver, soit parce qu'elles migrent vers des eaux plus chaudes pendant la saison froide. Plusieurs mammifères terrestres y ont élu domicile, ce qui n'est pas le cas en Antarctique.

Dans l'Antarctique, en revanche, la vie est abondante sous la glace. Les poissons et les autres créatures marines se sont admirablement bien adaptés au froid et à l'obscurité. Comme la température de l'eau ne varie pas beaucoup, ces animaux n'ont pas besoin de s'adapter aux changements de saisons. Plusieurs espèces de mammifères marins – des phoques, des otaries et des baleines – y passent au moins une partie de l'année. Et, bien sûr, des manchots y vivent sur la glace et dans l'eau, où ils se nourrissent de poisson et de krill.

Le réchauffement de la planète fait fondre la glace de l'Arctique plus rapidement que prévu, ce qui est très inquiétant pour la faune de la région. Les ours blancs chassent, sur la glace en marche, les phoques qui nagent au-dessous. Ils hissent ensuite leurs prises sur la glace. Mais si cette glace fond complètement, ils ne pourront plus chasser. Ils risquent de mourir de faim, et certains devront se rendre sur la terre ferme pour trouver de quoi manger – y compris des déchets laissés par les humains. Ils seront alors la cible des chasseurs. Jusqu'ici, l'Antarctique n'est pas aussi touché par ce phénomène, mais même là-bas, des plates-formes de glace flottante s'effondrent régulièrement, et des animaux perdent leurs habitats.

J'ai intitulé ce tableau, « réchauffement climatique ». L'ours blanc qui nage sans glace en vue nous rappelle l'avenir qui attend ce magnifique animal si la planète continue de se réchauffer.

QUELQUES FAITS

* Un relevé récent a permis de recenser 235 espèces marines dans les deux océans polaires – beaucoup plus que ce qu'on croyait jusque-là. Au nombre de ces espèces, il faut mentionner le rorqual à bosse et le rorqual bleu, mais également des crustacés, des vers et d'autres créatures minuscules, ainsi que des ptéropodes, semblables à des escargots.

* Le *Chionodraco hamatus*, un « poisson des glaces » présent dans l'Antarctique, survit à des températures tellement froides que le sang de tout autre poisson gèlerait.

* Les scientifiques constatent déjà que beaucoup de créatures adaptées au froid se déplacent vers le nord à mesure que la température des océans augmente.

* Les eaux froides de l'Antarctique servent d'incubateurs pour les œufs de certaines espèces vivant dans des eaux plus chaudes.

Épilogue

Les habitats naturels sont comme les pièces d'un casse-tête, qui s'imbriquent les unes dans les autres pour former une image. Chaque pièce ajoute quelque chose d'important à l'ensemble. Depuis des millions d'années, la nature s'adapte aux changements dans notre environnement. Certaines espèces ont disparu, et d'autres ont pris leur place, mais cette évolution s'est faite naturellement, de manière graduelle. Aujourd'hui, nous demandons à la nature de s'adapter de façon trop radicale et trop rapide, et elle ne peut pas soutenir ce rythme.

Beaucoup de gens s'efforcent de sauver les habitats naturels de notre planète, ainsi que les plantes et les animaux qui y vivent. Les scientifiques encouragent les gouvernements à adopter des lois qui aideront à ralentir le réchauffement du climat. Les gouvernements créent des parcs nationaux et des réserves naturelles où les animaux sauvages peuvent circuler librement. Et des milliers de livres, de magazines et de sites Internet nous montrent ce qui se fait déjà, et ce qu'il reste encore à faire.

Quand j'étais jeune, j'étais membre d'un club de jeunes naturalistes. Quel endroit formidable pour rencontrer des gens qui aimaient la nature! Nous faisions des promenades dans les ravins de la ville et dans les campagnes des alentours, où nous apprenions à connaître la richesse de notre environnement. Des experts et des amateurs expérimentés nous renseignaient sur ce que nous voyions et nous encourageaient à pousser plus loin nos découvertes. Il y a probablement, encore aujourd'hui, des groupes comme celui-là près de chez toi.

Que tu fasses partie d'un groupe ou non, je t'encourage à sortir explorer la nature. Qu'y a-t-il à voir? Des oiseaux? Des mammifères? Combien d'espèces peux-tu compter? Qu'est-ce qui distingue ces espèces les unes des autres? Et tous ces animaux, que mangent-ils? Où font-ils leurs nids, et qui prend soin de leurs petits? Où passent-ils l'hiver? Y a-t-il des crapauds et des écrevisses dans l'étang? Connais-tu le nom des arbres et des fleurs sauvages? Comment l'univers que tu explores change-t-il de saison en saison?

Rappelle-toi qu'il y a, dans tous les pays, des enfants qui apprennent à connaître le monde qui les entoure et qui veulent eux aussi le préserver pour les enfants de demain. Si nous nous y mettons tous, nous pouvons changer bien des choses ensemble.

Glossaire

Algue : Organisme qui, comme les plantes, produit de l'oxygène par photosynthèse. Il y a différentes sortes d'algues : le varech, par exemple, ainsi que de nombreuses formes plus petites et plus simples. Les algues ne sont pas considérées comme des plantes parce qu'elles n'ont pas de racines, de tiges ni de feuilles, et qu'elles ne tirent pas leurs nutriments du sol.

Amphibien : Type d'animal qui ressemble à un poisson quand il naît, mais qui respire à l'air libre une fois adulte. Les crapauds, les grenouilles et les salamandres sont des amphibiens.

Banquise : Vaste nappe de glace flottante qui se forme à la surface de l'eau et qui n'est pas rattachée à la terre ferme. Les petits morceaux de glace flottante portent le nom de floes. Les plus grandes banquises se trouvent dans l'Arctique et dans l'Antarctique.

Carnivore : Qui mange de la viande.

Crustacé : Animal (comme le homard, le crabe et la crevette) dont le squelette est à l'extérieur sous forme de carapace.

Dormance : Interruption de la croissance des arbres parce qu'il fait trop froid ou qu'il n'y a pas suffisamment d'humidité dans le sol.

Épiphyte : Type de plante qui n'est pas enracinée dans le sol. Ses racines tirent l'humidité et les nutriments dont elle a besoin de l'air ambiant.

Irriguer : Arroser artificiellement des champs cultivés en tirant de l'eau des lacs ou des rivières des alentours.

Larve : Forme juvénile de certains animaux qui se transforme complètement avant d'atteindre l'âge adulte. Les chenilles sont des larves de papillons. Les têtards sont des larves de grenouilles ou de crapauds.

Pélagique : Propre à la haute mer. Se dit en particulier des oiseaux et des poissons qui passent la majeure partie de leur vie au large, loin des côtes.

Plate-forme glaciaire : Immense étendue de glace flottante très épaisse, qui s'est formée sur la terre ferme et s'est étendue lentement jusqu'à l'océan. Elle est entièrement composée d'eau fraîche (contrairement à la banquise, qui contient de l'eau salée). On en trouve uniquement en Antarctique, au Groenland et au Canada.

Polaire : Propre aux régions entourant le pôle Nord et le pôle Sud. Le climat y est très froid l'hiver et frais l'été.

Tempéré : Se dit d'un climat où il y a un hiver froid et un été chaud.

Tropical : Se dit d'un climat où il fait chaud toute l'année. Les régions tropicales sont situées à l'équateur ou à proximité.

Sédiments : Petites particules de terre ou d'autres matières, transportées par les ruisseaux, les rivières et les fleuves, et qui se déposent à l'embouchure d'un fleuve ou le long des côtes.

Nancy Kovacs est auteure, réviseure et naturaliste amateur. Elle a travaillé comme rédactrice pour Ontario Nature (la Fédération des naturalistes de l'Ontario) et l'Institut pontifical des études médiévales. Plus récemment, elle a collaboré à la rédaction des *Oiseaux de mon jardin*, de Robert Bateman, et assuré la révision de deux autres ouvrages du même auteur, *Les oiseaux de proie* et *Mondes polaires*.

Habitats en danger
est une production de
Madison Press Books
1000, rue Yonge, bureau 303
Toronto (Ontario)
M4W 2K2
Canada

Rédactrices :
Hannah Draper
Diane Young

Responsable de la production :
Mollie Wilkins

Directrice artistique :
Diana Sullada

Éditeur :
Oliver Salzmann